# 太喜歡歷史了！

給中小學生的輕歷史

## 1 原始時代到西周

## 原始時代



## 夏

# 商

# 西周

# 原始時代

文：緒穎，陸西漸
繪：蔣講太空人（時代背景，歷史事件）
Ricky（衣食住行）

時代背景

# 遙遠的世紀！一起穿越到原始時代吧！

傳說盤古開天闢地，於是有了世界，女媧氏造泥人，這才出現了人類。但這些只是我們的祖先對這個世界的想像，從來沒有證據能夠證明盤古和女媧的存在。現在，我們要講的人類起源，則是科學家考證的結果。

你還記得自己小時候的樣子嗎？和現在一定差別很大吧！那時候的你矮矮小小，連話都說不清楚。世界上所有東西，都是會變化的，我們所在的地球

也是一樣。在很久很久以前，地球並不是現在這個樣子。人類最早的祖先——古猿，為了適應環境的變化，從樹上搬到地面生活，並開始不斷「變身」。慢慢的，古猿中的一個分支，明顯比其他分支更聰明，他們學會的東西更多，適應力也更強。這一分支的猿被稱作南方古猿。

要進化成人類，古猿還得經歷漫長的過渡過程，「從猿到人」過渡期間的生物，就叫正在形成中的人。

古猿、正在形成中的人、人類，在思維、語言、社會組織和工具的使用

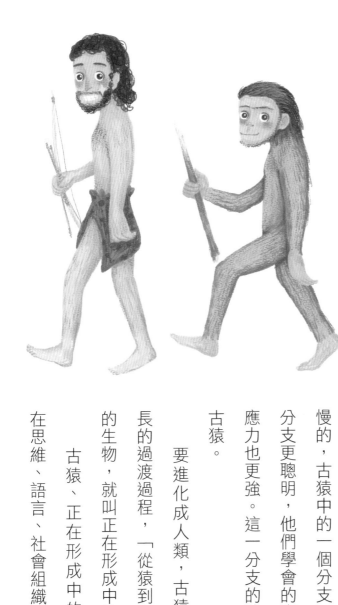

等方面，都有很大不同。以工具的使用為例吧：古猿的生活方式非常原始，偶爾才使用天然工具；而正在形成中的人，則必須依靠工具生存；等到進化為人類以後，就能自己製造工具了！再後來，人類又經歷了舊石器時代、新石器時代。接下來，我們就來看看這個過程是怎麼發生的吧！

# 生活在原始時代

衣食住行

## 衣

原始時代的人類，原本並不知道穿衣服。那時他們跟其他哺乳類動物一樣，靠自身的毛髮來保暖。之後，人類學會用火了，可以烤火取暖，於是，毛髮不再需要發揮保暖功能，慢慢的，人類身上的毛髮變得稀少。但是，毛髮變少了，身體就會徹底裸露出來，這可怎麼辦呢？為了保護自己，人類開始用樹葉等來遮蓋身體，後來又學會用動物毛皮來製作衣服，這才終於結束了赤身裸體走世界的時代。

## 食

植物的果實和樹葉，是人類最早的食物。等到人類學會製造工具以後，就經常捕捉動物來食用。但跟現在大不相同的是，那時候人們吃的是生肉。有一次，人類偶然吃到了被火烤過的肉類，發現比生肉好吃多了！就這樣，人類學會了用火來烹煮食物。吃熟食也是人類進步的重要里程碑之一。

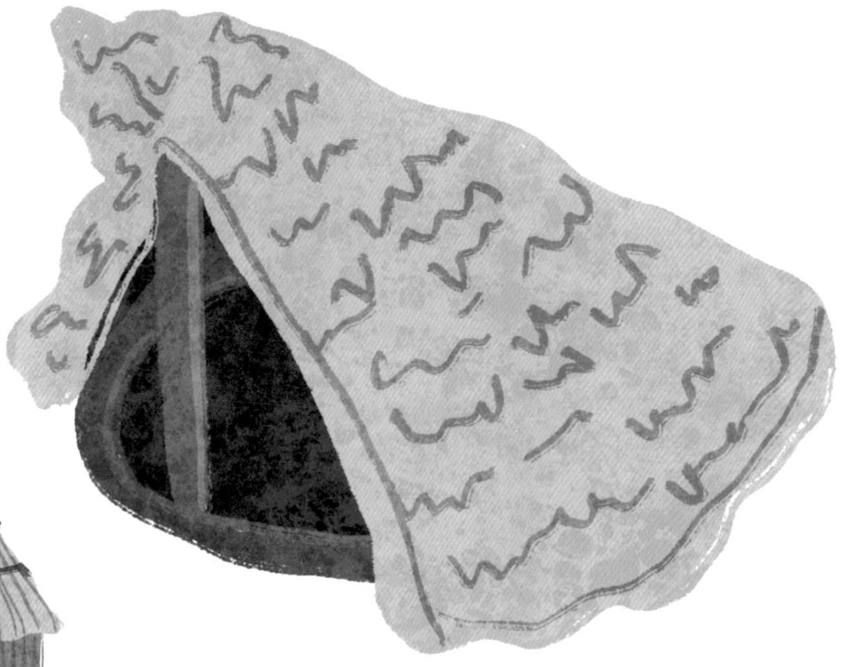

## 住

人類最早是住在天然形成的山洞裡，或住在樹上搭建的簡易巢穴中。住在山洞被稱為「穴居」，而住在樹上則被稱為「巢居」。

進入新石器時代，人類有了建造房屋的需要。那時的房屋構造簡單，北方人住的是半地穴式房屋和地上房屋；南方人住的是干欄式的房屋（基座用一根根木樁支撐起來，像是高腳屋）。假如穿越到遠古時期，你能想像自己住在什麼樣的房子裡嗎？

## 行

人類祖先最早是依靠四肢走路，跟現在的黑猩猩很像。但人類祖先在勞動過程中發現直立行走好處多多，直立不僅能摘到更高處的果實，視野也更開闊，更能夠發現危險。

## 用

在人類還不會使用任何工具以前，一切生活全靠自己的四肢來完成。隨著時間推移和生活需要，聰明的「發明家」發明了石器、骨器，甚至是複雜的組合型工具，幫助人類適應惡劣的生存環境，因此，製造工具也是人類與其他動物最主要的差別之一。

歷史事件01

# 經過漫長的演化，人類祖先誕生！

我們人類是靈長目動物的一種。說起靈長目動物的演化史，可以追溯到六千五百萬年前那一場造成物種滅絕的大災難。當時，地球上許多動物，像是恐龍和一些遠古爬行動物，因為不能適應環境的劇烈改變，相繼滅絕了。而原始哺乳動物由於體型較小且具有恒溫特性，在大災難中倖存了下來，並且成為陸地上佔支配地位的動物。

經過漫長的年月，哺乳動物演化出多樣的哺乳動物種群，我們人類的早期祖先──屬於靈長目的古猿出現了。人類的進化，經歷了古猿、巧人、直立人、智人幾個階段。古猿是如何進化成巧人，最後進化成智人的呢？科學家還在不斷研究、完善這個演變過程。但科學家發現，進化成巧人的那些古猿，是一類大腦更為發達的古猿。

當時由於氣候和自然環境的變化，一部分古猿不再居住在樹上，而到地面生活。在地面生活，意味著更多挑戰。古猿要在地上和猛獸鬥爭，學會用前肢揮舞「武器」（石塊、棍棒等），靠下肢站立和移動。

動物園有那麼多猩猩，但為什麼牠們都沒進化成人呢？

隨著直立姿勢確立，古猿身體的發音器官也發生了變化，逐漸能發出清晰的音節，古猿群體之間的語言交流也越來越豐富。在多種因素的作用下，這些古猿的大腦得到發展，學會使用工具，完成了「從猿到人」的過渡。

當然，古猿並不只是朝著「人類」這單一的方向進化，現在我們在動物園看到的猩猩、大猩猩、黑猩猩、長臂猿（統稱「類人猿」），其實也是從古猿進化而來的！古猿是我們人類和現代類人猿的共同祖先，就是在古猿時期，類人猿和人類開始分離進化。因此，雖然現在動物園裡有很多猩猩，但牠們是不會進化成人類的。

歷史事件02

# 從舊石器時代出發！

## 邁出文明的第一步

進入新環境的古猿，已經進化為能夠直立行走並製造石器的早期人類，叫做「猿人」。

猿人在開闊地帶找到許多天然形成的石頭，他們發現這些石頭可以幫助他們做很多以前做不到的事情。比如說，長在樹木高處的果實，可以用石頭打落；徒手打不開的果核，可以用石頭敲開。慢慢的，猿人發現自己越來越離不開這些石

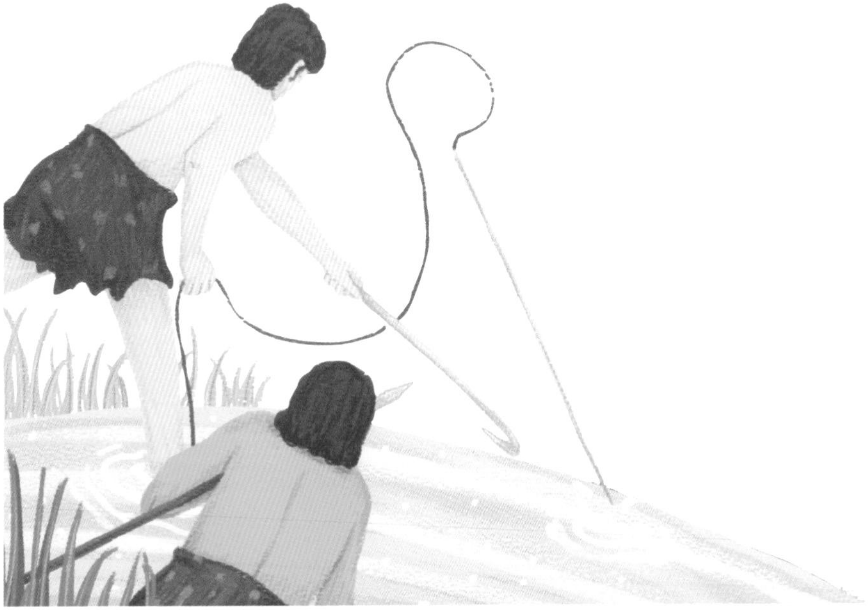

頭，這些石頭也成了他們日常生活的必需品。

因為當時的猿人還只會使用撿到的石頭充當器具，所以這些石頭又被稱為「舊石器」，而這個時代也被後人稱做「舊石器時代」。在舊石器時代早期，猿人開始使用火，這樣他們不僅能取火保暖，還可以燒烤肉類。食用熟肉和從事勞動，都使得早期人類的大腦得到發展，到了舊石器時代晚期，猿人已經學會將石頭組合起來使用。

在中國境內考古發現的元謀人、藍田人、北京人等，基本都生活在舊石器時代。當時的社會，男性負責狩獵、捕魚和防禦野獸，女性擔任採集、燒製食物和養育老幼等任務。因為女性的職責是可靠又穩定的生活來源，還代表了氏族集體的利益，所以在當時的氏族社會裡，女性的地位比男性更重要，更受重視。

約170萬年前，元謀人出現　約100萬年前，藍田人出現　約70萬年前，北京人出現

## 石頭也能磨成刀

隨著人類生活水準不斷提高，那些舊石器已逐漸不能滿足他們的需求，比如，舊石器不能完全適應新出現的農業生產。

早期人類「發明家」這時又登場了！他們發現，除了敲打外，把石頭加以磨製，可以變成適合當時農業生產所使用的新石器！比如仰韶文化半坡遺址中出現的斧、錛、刀、磨盤等工具，就是這樣製作出來的。這些磨製而成的石器，與之前打製的石器相比，又是一大進步，而這個出現了磨製石器的時代，也被後人稱為「新石器時代」。

大事記

世界

約6500萬年前，白堊紀末滅絕事件，地球環境發生巨大變化

約300萬年前，舊石器時代開始

中國

## 元謀人

元謀人生活在距今約170萬年前，是中國境內已知的最早人類。1965年，元謀人化石在雲南元謀縣被發現。當時，出土的文物有兩枚牙齒、石器、炭屑。由此可以看出元謀人使用石器，並且會使用火。

## 藍田人

藍田人生活在距今約100萬–70萬年前。1963年，在中國陝西省藍田縣發現了藍田人的化石。藍田人的外貌很有特點，他們的前額平而寬，兩個眉骨卻又高高隆起。有趣的是，他們的眼眶不是圓的，而是類似方形的。

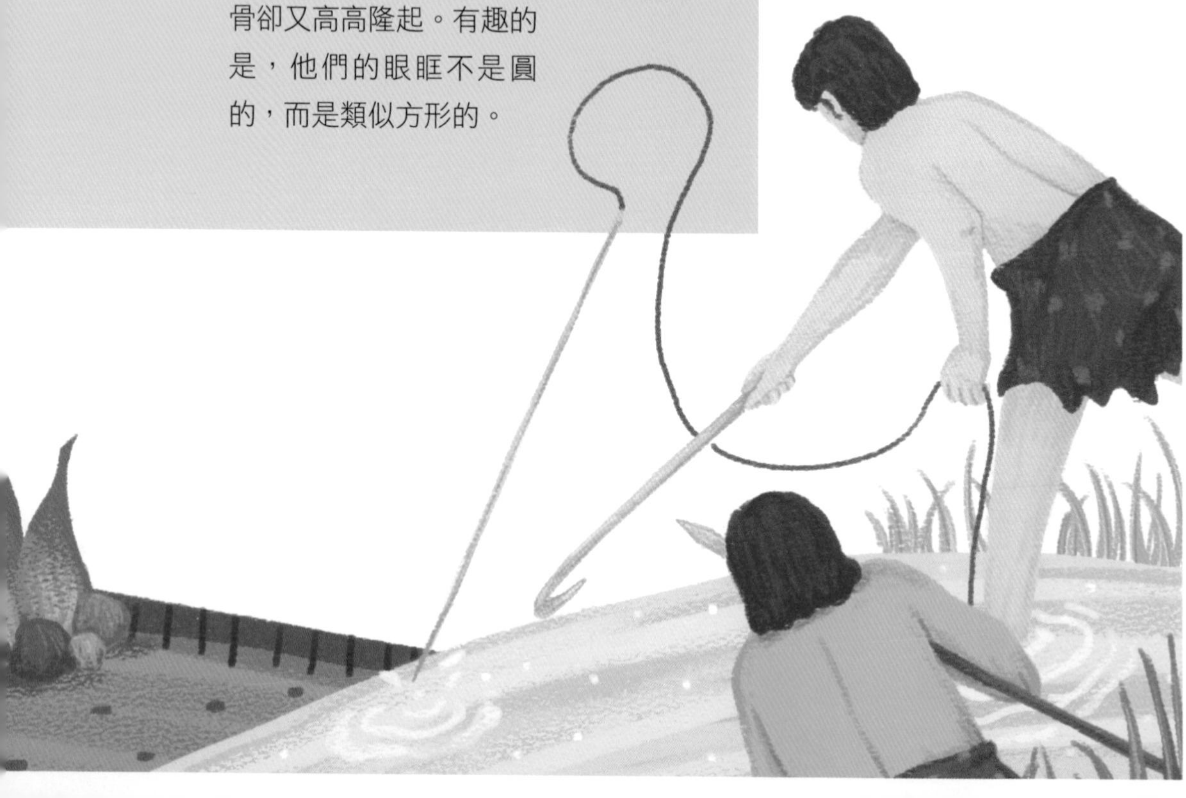

## 北京人

北京人的生活年代距今約70萬-23萬年前。1921年，瑞典地質學家安特生和奧地利古生物學家師丹斯基，在北京周口店地區發現了一處古代猿人的生活遺迹。1929年，中國考古學者裴文中在周口店龍骨山山洞中，發掘出一個完整的頭蓋骨化石。此後，考古工作者在周口店先後共發現了十萬件以上的化石和文物。因此，周口店北京人遺址也是世界上出土古人類遺骨和遺跡最豐富的遺址。

然而，1941年太平洋戰爭爆發後，原計畫運往美國保存的北京人頭蓋骨化石失蹤，北京人頭蓋骨化石的去向，就此成為歷史上的一個謎團。

歷史事件03

# 新石器時代來了！

舊石器時代的人類，主要靠採集和捕獵獲取食物，要是運氣不好，沒有找到食物就會挨餓。但如果他們能自己種植植物，並養殖那些捉來的小動物，不就隨時都有食物吃了嗎？為了生存，人類開始了早期的農業活動。

▲新石器時代，人類開始種植植物和製作陶器。

約西元前3000年，蘇美早王朝開始

約西元前3000年，農耕社會基本形成

人類學著開墾土地，播種植物的種子，並把捕獲的野生動物圈養起來，供食用。他們漸漸積累經驗並且越做越好。之後，人類不再聽天由命的只依賴大自然提供食物，而是靠自己的力量使食物來源變得穩定。

**大事記**

**世界**
- 約1.2萬年前，新石器時代開始
- 約西元前3100年，古埃及早王朝時代開始

**中國**
- 約1萬年前，中國各地陶器出現，農業開始發展
- 約西元前4700年左右，中國西北地區開始出現銅器

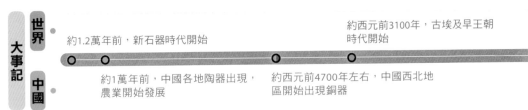

簡單的舊石器已經不能滿足農業和畜牧業生產的需要，人類對石器的加工更加精細，出現了磨製石器，也就是「新石器」。人類還學會了燒製陶器，做成各種生活用品，如盆、盤、碗、壺。歷史學家把農業生產、磨製石器、陶器出現，看做人類進入新石器時代的分水嶺。

農業與畜牧經營，使得人類由逐水草而居變為定居，生活得到改善。因為農業生產需要大量體力勞動，所以力量強大的男性成為這一時期的主要生產力。在一個部落中，掌握了食物來源，就等於掌握了整個部落的生命，於是男性逐漸取代女性，成為部落的領導者；原來的母系社會，也逐漸發展成了父系社會。

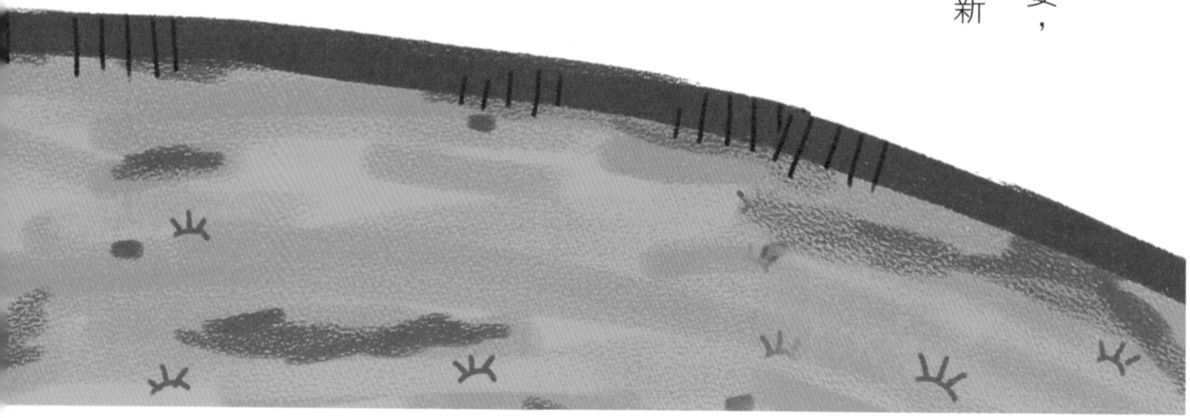

## 原來是這樣啊

### 仰韶文化

1921年，新石器時代非常有代表性的仰韶文化被發現了，其中半坡遺址十分有名。

在半坡遺址中，人們發掘出一個村落遺址。在當時，住房多是半地穴式的建築，屋子中間會留有生火的坑和用來儲藏食物的地窖。

半坡遺址最引人矚目的是陶器。在半坡文化遺址中出土的陶器，上面有二十七種符號，人們猜想這是一種原始文字，可惜至今沒有人能破解其中的奧妙。

▲神話傳說，燧人氏發現鑽木取火的方法，有巢氏教人利用樹木築巢。燧人氏、有巢氏，是神話人物，用他們來代表遠古人類生活進入懂得吃熟食、築巢而居的新階段。

# 夏

文：緒穎，楊濤
繪：蔣講太空人（時代背景）
Ricky（衣食住行，歷史事件）

時代背景

# 夏王朝，一個傳奇的時代！

在經過千萬年的進化後，世界各地逐漸形成了特有的文化。也是在這個時候，中國第一個王朝——夏王朝誕生了。

在原始社會早期，人類要自己勞動、漁獵，才能吃飽肚子。隨著文明不斷發展，讓人們生活更便利的石器、金屬器具開始出現，人們勞動的效率越來越高，生產出來的物資，除了滿足自己生活所需，還有剩餘。就這樣，有一部分人開始專門做管理和研究等腦力工作，不再做辛苦的體力勞動了。當這樣的分級越來越明顯後，便產生了兩種截然不同的階級——剝削奴隸的奴隸主，和被剝削的奴隸。

夏王朝，是一個神祕又充滿傳奇色彩的朝代。說它神祕，是因為考古界至今都沒有發現被公認能證明夏王朝存在的直接證據。而關於夏王朝的歷史呢，也只在中國傳統文獻中略有記載。說它傳奇，則是因為許多神話故事都跟夏朝有關，這其中雖虛虛實實，卻也十分精采。

衣食住行

# 生活在夏朝

## 衣

隨著紡織技術進步，服飾開始普及。但由於當時生產技術相對落後，且無文字記載，人們只能推測夏朝的服飾較為寬鬆。有了衣服，人們就不必像原始社會那樣赤身裸體，或是用樹葉和獸皮遮掩了。

## 食

憑藉已知的考古發現，雖然還難以確定夏朝人的飲食情況，但從最可能是夏朝遺址的二里頭遺址（在河南洛陽偃師區二里頭村）出土情況來看，簋（ㄍㄨㄟˇ）（盛裝飯食的器皿）、罐、觚（ㄍㄨ）（盛裝酒的器皿）等中國傳統飲食器具已經較為成熟了。很有意思的是，夏朝時已經有酒了。雖然發明酒的人是誰並沒有定論，但是酒在夏朝確實存在。《禮記．玉藻》中記載了古人飲酒三杯後依然頭腦清醒，這也說明當時酒的酒精濃度不是很高。

## 住

隨著技術水準日益提升，人們在空地上建造的房屋規模越來越大，包括較為成熟的宮殿建築。例如在二里頭發現的宮殿遺址。

## 行

夏朝的人外出大多是靠雙腳走路，路途遙遠時可以騎馬、驢等牲畜。可以確定夏朝已經出現了車，只是不能確定是人力車還是馬車。和商朝的車相比，商朝的馬車車轍有兩公尺寬，夏朝的車轍只有一公尺寬。

歷史事件01

# 一個神奇王朝的誕生

傳說堯在位時，天下發了大水，堯便派鯀(ㄍㄨㄣˇ)去治水。鯀採用「堵」的辦法——用土石來堵住被水沖出的決口。但往往顧此失彼，堵住了這裡，卻又堵不住那裡。等到舜即位，他覺得鯀沒有盡力做好這件事，便讓鯀的兒子禹來接替他父親繼續治水。

禹在接受了舜的命令後，並沒有急著治水，而是先去考察地形。他找出父親鯀治水失敗的原因，改變了治水方法，將「堵」改成「疏」。「疏」就是利用水向低處流的原理，將大水從平原疏導到大海。此外，禹不僅改變了治水策略，還身先士卒，和百姓一起勞動。傳說他在外治水十三年，從沒有回過家，甚至有三次路過自己家，都沒有回去。後來，在眾人不斷努力下，大水終於被引入海洋。不僅成功治水，在治水的過程中，禹還走遍了大江南北，對各地的地形、習俗、物產等都做了深入了解。之後，他重新規畫了九州的範圍。

治水成功後，禹的聲望達到了頂峰。

◀大禹治水

舜便效仿堯，將首領的位子讓給了禹。

禹繼位後，三苗部落禍亂中原，百姓生活受到很大的影響。禹看到後開始討伐三苗。經過了一場歷時七十天的大戰後，禹獲得勝利。

打敗三苗後，禹的權力增強。不久之後，在淮水中游的塗山（在現今安徽），禹召集眾多部落首領一起商議今後的統治問題。最終，禹整合了所有部落，建立了夏王朝。這次大會又被後世稱做「塗山之會」。

歷史事件02

# 夏王朝的起起落落

以前，部落的首領都是禪讓（讓位給賢人）產生的。但在中國歷史上，王權大都由父親傳給兒子，稱為「世襲」。這個變化是怎麼發生的？

## 太康失國與少康中興

傳說禹本來將王位禪讓給益，但益在繼位後並不得民心。有些部落仍支持啟（禹的兒子），最終，啟發動戰爭戰勝了益，奪得王位。這樣一來，本來是由賢能的人擔任君王的「公天下」，變成了只傳給自家人的「家天下」。

然而，獲得王位的啟，面臨的卻是內憂外患。夏王朝剛剛建立，內部並不穩定，各地為了爭奪利益，經常發生戰亂。而夏王朝為了擴充自己的實力，還需要與東夷作戰，以獲取資源。

啟死後，即位的太康並不是一個好君王，他貪圖玩樂、不理政事，這時的夏朝國力日漸衰弱。敵對的東夷部落首領后羿聽說後，便帶領東夷部隊趁機侵襲，奪取了夏王朝的政權。後世將這段歷史稱做「太康失國」。

后羿和太康一樣，也很貪玩，根本不好好治理國家，後來這個搶來的王位又被少康奪了回去。少康在經歷失國後，痛定思痛，記取教訓，勵精圖治，開創了「少康中興」的好時代。

**大事記**

**世界**

西元前18世紀，古巴比倫頒布《漢摩拉比法典》

**中國**

約西元前21世紀初，禹建立夏王朝

## 夏桀亡國

少康之後又經過了幾代，由履癸（ㄌㄩˇ ㄍㄨㄟˇ）坐上王位，後人稱他為夏桀（ㄐㄧㄝˊ）。夏桀這個人生性好戰，經常去討伐周邊部落。本來已經對夏朝稱臣的部落看到後，都感到非常心寒，紛紛決定獨立。

好戰也就算了，夏桀還貪戀美色，每每擊

敗一個部落後，都會將那個部落中最美麗的女子帶回宮，妹喜就是其中一個。據《國語》這本古書記載，後來，妹喜與成湯的右相伊尹合謀，才使夏朝滅亡了。因為成湯在商國，所以人們又叫他商湯。

商湯在伊尹的幫助下，實力日漸強大。大約西元前一六〇〇年，商湯率領自己的部隊討伐夏桀。商湯的部隊攻無不克，戰無不勝，一路殺到了夏王朝的王都。夏桀雖想抵抗，但他的兵力根本無法與商湯相比。夏桀一邊逃跑一邊應戰，十分狼狽！他就這麼一直逃到了一個叫鳴條的地方。商湯不想放過殘暴的夏桀，對他緊追不放，兩軍又在鳴條展開一場大戰！

最終，鳴條之戰以夏桀戰敗而告終。戰敗後，夏桀被商湯放逐到了南巢（古地名，應該是現在的安徽地區）。夏王朝就這樣覆滅了。

# 商

文：緒穎
繪：蔣講太空人（時代背景）
Ricky（衣食住行，歷史事件）

時代背景

# 商王朝：第一個得到考古證實的王朝

夏朝末年，商湯率領部落贏得鳴條之戰，戰敗的夏桀遭到流放。至此，夏王朝覆滅。而後，商湯到了一個叫做亳（ㄅㄛˋ）的地方稱王，並改國號為「商」。一段新的歷史就在這裡展開。

商朝建立後，首都頻繁遷移。直到盤庚（ㄍㄥ）（湯的後代，商朝中後期君王）即位，把都城定在了殷（現在的河南安陽），這才安定下來。因為商朝有一半以上的時間都是以殷為都城，所以後世也將商朝稱為「殷商」。

商朝雖是中國歷史上的第二個王朝，但它卻是第一個被發現同時期文字的王朝。夏朝雖然是第一個王朝，但到目前為止，人們還沒有考證到夏朝的文字。

商朝不僅有文字記載，考古學家還在河南安陽發現了殷墟遺址，其中就有中國歷史上最大的青銅器——后母戊鼎（原稱「司母戊鼎」）。在殷墟博物館裡，收藏了許多商朝時期的文物，這些出土的文物，讓我們可以更進一步了解商朝。

衣食住行

# 生活在商朝

## 衣

在商朝，人們不僅會用葛麻布和皮革製作服飾，還會用蠶絲。上身穿的衣物稱做「衣」，下身穿的衣物稱做「裳」。裳和現在的褲子不一樣，是一種類似裙子的著裝。也正是因為下身穿裳，所以當時人們的坐姿都是跪坐，這樣的坐姿被視為應有的禮節。

另外，在商朝，人們有了佩戴配飾的習慣。商朝人按照圖騰玄鳥的樣子製作配飾，希望隨身攜帶這些配飾能帶來好

運。貴族一般會選擇白色玉石做為原料，而平民百姓則會選擇白色石頭或骨頭來製作。因此，配飾也是代表身分的象徵。

## 食

商朝人在以往用火的基礎上，又有了不同的烹飪手法。據文獻記載，當時人們已經用烙、蒸、煮、爆、燒、燉、熬等多種方式烹煮食物了。商朝人的主食一般是五穀，其中最常食用的是粟。因為人們經常通過狩獵來練兵，所以可選擇的肉食種類也很多。

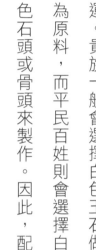

## 住

商朝的住房是按等級制度建造的。不過，即使是平民，住的地方也有所不同。考古學家在河南安陽小屯村西崗地，發現了一些半地穴或地穴式房屋，推測這裡可能曾住著為王室服役的工匠。小屯村西崗地還有一些商朝晚期平民建築，則是蓋在地面的房屋。

而王室和貴族住的地方也是不同的，不同等級的貴族，住的房屋也有區別。徐家橋村（同樣是在河南安陽）有一處大型四合院式的建築基址，或許曾是商朝某個有地位的貴族的居所。小屯村西崗地有七處房基，疑似小貴族的居所，房屋之間相隔較遠，且有儲物的地窖。可見不同級別的貴族，房屋等級也大不同。

令人驚訝的是，當時的房屋已經有了排水設施！一九七五年，在白家墳西地出土了二十八節商朝的陶製地下排水管道，讓人大開眼界。

## 行

平民外出大都是步行，貴族外出則會選擇馬車。商朝的馬車分為兩種，一種是平時外出用的，另一種則是打仗用的。除了馬車，當時還有牛車，多用來運送貨物。

歷史事件01

# 商朝有一位「超長待機」的名相！

## 商朝建立

　　夏朝的桀在收服了周邊其他部落後，開始自滿起來。他認為自己的功績已經超越了此前所有人，於是自稱為太陽。慢慢的，桀開始不理政事、貪圖玩樂。他命

▶ 商湯很得人心，自己部落的人支持他，其他部落的人也擁護他。

令手下挖了一個大池子，池中裝滿美酒，每天在這個酒池邊玩樂，再也不管政事。百姓們敢怒不敢言，因為只要是對桀不滿的人，都會被他殺掉。日子越來越不好過，大家都希望有人能取代桀。

就在此時，夏的東方有一個部落開始崛起。這個部落的始祖契（ㄑㄧˋ），被賜予「商」這塊封地，所以這個部落後來就以「商」為名。商這個部落，在統治者湯的領導下，變得越來越強，這讓桀感到不安，於是他將湯捉去關起來。為了能救回湯，湯的部下送錢、送美女給夏桀，這才將湯給換了回來。

回到商地後，湯下定決心要推翻桀的統治。正在這時，有一個人從夏逃到商地投靠湯，他就是前文提到的伊尹。湯跟伊尹談論自己的想法，伊尹決定幫助湯建立新的

**大事記**

**世界**：約西元前1500年，印度吠陀時代開始

**中國**：約西元前1600年，商朝建立；約西元前1300年，商王盤庚遷都至殷

王朝。

湯體恤民情，以德立威，大臣和百姓們都各司其職。湯的表現不僅得到本族人的擁護，也得到了其他部落人民的支持，鄰近部落紛紛歸順他。湯還採納了伊尹的計策，離間桀與他的同盟者東夷諸部落的關係，最終把夏王朝孤立起來。

▲為了救湯，湯的部下只好給夏桀送禮。

▶ 太甲與他的老師伊尹。

削弱了桀的實力後，湯便起兵攻打桀，打得夏桀落荒而逃。鳴條之戰的結果，你已經知道了。

## 助商滅夏的兩大功臣

能順利推翻桀的統治，有兩個人功不可沒——一個是湯，另一個是伊尹。伊尹本名摯（ㄓˋ），「尹」是商朝建立後，湯給他封的官職，相當於後世的宰相。他任職期間對商國很有貢獻，所以後世就直接稱他為「伊尹」。

相傳，伊尹是廚師的兒子，從小就很會做飯，但他卻希望自己能建功立業。根據自己做飯的經驗，他向商湯論述「五味三材」（調味）、「九沸九變」（火候）在烹飪中的重要性，用做飯來比喻治理國家。後世的老子，也提出了「治大國若烹小鮮」的相似觀點，可見伊尹是一個很有謀略的人。

而且這位伊尹是一位「超長待機」的名相，據說他一共輔佐過五代商王，德高望重。湯的長孫太甲繼位時，因為沒有繼承祖父湯的治國理念，肆意妄為，於是伊尹決定教育太甲，讓他改過。

伊尹先將太甲安置在桐宮為湯守墓，然後與大臣們代替太甲執政。不僅如此，他還親自撰寫許多訓詞，教育太甲如何為政。經過在桐宮三年的學習，太甲終於知道自己所犯的錯誤，改掉了壞習慣。伊尹看到太甲的改變後，滿意的到桐宮迎接他，將王權交還給他，並且繼續輔佐他。在伊尹的輔佐下，太甲後來也成為一代明君。

## 原來是這樣啊

### 商朝的法律

一個王朝想要穩定發展，制定一部完備的法律是非常必要的。夏朝時，為防止有人為非作歹，破壞別人的好生活，統治者便制定《禹刑》。

商朝也有法律，稱為《湯刑》。之所以命名為《湯刑》，主要是為了表示對商朝開國君主湯的崇敬和懷念，但它並非湯一人編寫的。據記載，盤庚、祖甲等人在位時都修訂過《湯刑》。可以說《湯刑》是整個商朝的智慧結晶。

《湯刑》以《禹刑》為基礎，一共記載了約三百條罪名，其中最重的罪名是「不孝」。《湯刑》的設立不僅在當時具有重要意義，還影響深遠。戰國時期的思想家荀子就曾主張按照《湯刑》來制定法律。

歷史事件02

# 商王又搬家啦！

商朝建立之初，湯將國都設在亳(ㄅㄛˊ)。亳本是商這個部落的中心，對一個面積不大的部落來說，定都在這裡是沒有什麼問題的，但對於一個新國家來說，這裡似乎就不適合做為國都了。

隨著國土面積增大，亳的地理位置不再是商朝的中心。加上當時的通信方式並不發達，所有命令都需要人力傳送，這就使得商王的命令很難及時傳達到各地。不僅如此，王室內部為了權力和利益，經常發生爭鬥，這也需要商王及時出面協調。如果住在國都的商王不能很快派兵到達爭鬥的現場，也就不能及時調解或者鎮壓王室的爭鬥。最重要的是，國都一定要安全，可是亳這個地方經常發生自然災害。綜合這些原因，湯便有了遷都的想法，只是還沒來得及付諸行動，就去世了。於是遷都的任務留給了後任的商王。

一直等到盤庚將國都遷到殷，王室內部的矛盾才終於改善。殷這個地方自然環境良好，自然災害少，於是商國就在這裡定都。這個好地方也為後來「武丁中興」打下了基礎。

◀遷都前，盤庚去說服貴族。

### 來看看商朝的遷都史

| 商王 | 舊都 | 新都 |
|---|---|---|
| 仲丁 | 亳 | 囂（或稱敖，現河南滎陽） |
| 河亶甲 | 囂 | 相（現河南安陽） |
| 祖乙 | 相 | 邢、庇（均在現河北邢台） |
| 南庚 | 庇 | 奄（現山東曲阜） |
| 盤庚 | 奄 | 殷（現河南安陽） |

## 原來是這樣啊

### 后母戊鼎

這個鼎被挖掘出土時，大家錯將鼎內壁上的銘文「后」認做「司」字，因此有很長的時間一直被錯稱為「司母戊鼎」。

「后」在商朝是「受人尊敬」的意思。后母戊鼎是商王祖庚為了祭祀自己的母親而鑄造的，是迄今世界上發掘出的最大、最重的一件青銅禮器。

如此巨大的青銅器，即使以現在的技術來澆鑄也很困難，要在商朝鑄造這麼一個大鼎，就更需要細緻的分工和協作。可以說，后母戊鼎的發現，讓人們重新認識了商朝的手工業技術，它也成為商朝青銅器最傑出的代表。

◀**后母戊鼎**，通高 1.33 公尺，口長 1.12 公尺，寬 0.79 公尺，重約 833 公斤。

### 證明商朝文明存在的直接證據！

殷墟就是當年盤庚遷都到殷所建立的都城遺址，整個殷墟的面積很大，佔地約三十六平方公里。

宮殿宗廟位於殷墟的中心，盤庚後的歷代商王都在這裡工作和生活。因為是商王的住所，所以這裡的安全設施必然要齊全。在這個區域的西、南兩面，各有一條人工挖掘的防禦壕溝，將宮殿宗廟環抱其中。壕溝不僅可以防衛外人入侵，還具有火災消防的作用。

歷史上第一位女將軍婦好也埋葬於此。婦好墓是迄今為止發現的唯一保存完整的商王室成員墓葬。

宮殿宗廟旁邊是王陵遺址，裡面一共有十三座大墓，從現代還原的墓穴來看，商朝時已經有了完備的殯葬體系。考古人員在這些大墓中挖掘出數量眾多、製作精美的青銅器、玉器、石器和陶器等，迄今為止最大的青銅器——后母戊鼎，就是在這裡發現的。

歷史事件03

# 奴隸翻身做名相！

商朝雖由湯建立，但幾百年後商逐漸衰弱了，振興它的人是武丁。

武丁是小乙的兒子、盤庚的侄子。武丁的爸爸小乙對他要求嚴格。在武丁小時候，小乙便將他送到民間生活。所以跟其他商王比起來，武丁更能懂得百姓的生活疾苦。

武丁即位後，並沒有立即著手管理國家。前三年，他從不親自下達命令，而是把所有的政事都交給一位名叫塚宰的賢臣管理，他則向自己的老師甘盤學習治國方法。直到認為自己有能力勝任，武丁才開始親自治理國家。

此外，與其他商王不同，武丁有一套自己的用人方式。有一天，他對大臣說，自己夢到上天派了一位賢臣來輔佐他。他還根據記憶畫出了這位賢臣的頭像。大臣們便按照畫像四處尋

▶ 武丁請傅說來輔佐他。

找這位賢臣，卻不料，武丁大王的「夢中賢臣」竟然是個奴隸！他就是武丁在民間生活時認識的傅說（ㄩㄝˋ）。

武丁可不在乎這些階級門第！他相信自己的判斷，任命這名奴隸為相。傅說雖是奴隸，但他滿腹經綸、韜略滿滿。在他輔佐下，商朝開始快速發展。

有了賢臣協助，武丁開始進行一系列改革。他首先改革了祭祀制度，統一神靈，將神權掌握到自己手中。為了消除邊患、營造穩定的周邊環境，他開始向商朝周邊不安定的部落宣戰；征戰中，武丁征服了許多小國，擴大了領土，擁有了更多財物和奴隸。

此後的商朝更加繁榮，社會生產力大幅提升，青銅業更是進入繁榮時期，后母戊鼎就是這個時期的代表產物。

而這個由武丁統治的輝煌時期，就是後人所說的「武丁中興」。

**大事記**

**世界**

**中國**

西元前1250年，武丁中興開始

## 原來是這樣啊

### 女將軍——婦好

武丁在位時，不僅任用奴隸出身的傅說為相，還讓自己的妻子婦好當將軍。

那時候，一些周邊小國常來騷擾商國，西方的羌人最為猖獗，武丁為此很頭疼。婦好自告奮勇去平定羌人，於是武丁便命婦好為將軍，率領萬人軍隊出戰，這可相當於商朝總兵力的十分之一，可見武丁對婦好非常信任。

婦好輕鬆擊退了羌人，大大削弱了羌人的實力，使他們再也不敢來騷擾了。

這位婦好不僅有軍事才能，治理國家也是一把好手。每當有犯人逃走，婦好就會親自追查；需要統治者去關心老人的時候，婦好也會代表武丁前去探望。不僅如此，婦好因為有自己的封地，還會定期向商朝進貢。武丁對婦好疼愛有加，婦好去世後，為她建了獨葬的墓穴。總之，婦好對「武丁中興」是很有貢獻的。

歷史事件04

# 帝辛？紂王？商朝最後一位君主的真實面目

史書裡的帝辛，
是可怕的暴君。
我想知道，史書
寫的都對嗎？

## 紂王帝辛

商朝的最後一任國君是帝辛，他還有一個更為人熟悉的稱呼——商紂王。在後世文獻中，商紂王常被視為昏君、暴君，這跟周朝統治者有意貶低他而造的輿論有關。這個「紂」就是周武王給他起的惡謚。什麼是「紂」？《謚法》裡解

◀相傳，帝辛的力氣特別大。

釋：「殘義損善曰紂。」也就是兇惡不仁的意思。

當朝的君主為了顯示自己執政的正當性，常會抹黑前朝的統治，並否認前朝君主的功績，這個狀況在帝辛身上表現得淋漓盡致。儒家經典《尚書·周書》記載了周武王的說法：「今商王受無道，暴殄天物，害虐烝民。」就這樣把帝辛的形象定為一個暴虐昏庸的人。

那麼帝辛究竟是一位怎樣的君主呢？是否真的這般暴虐無道呢？我們應該結合多方面的資料再去評價他。

## 帝辛的真面目

有關年少時候帝辛的描寫，多是褒揚之詞。荀子和司馬遷都曾描述過他高大威猛，力大無窮，從小就反應靈

敏，聰慧過人。

帝辛即位後，鼓勵農桑，推行牛耕。此外，他派軍征伐叛亂的東夷並獲得勝利，恢復了商朝在山東、江淮一帶的領土。

可是，開疆拓土總是要消耗國力，徵兵徵糧使得大家苦不堪言。帝辛沒能平衡內外，凝聚人心，才成了亡國之君。

▼帝辛喜歡享樂，好酒好色，甚至建造了酒池肉林。

當然，帝辛也有一些公認的缺點：不善納諫、不認真祭祀、好酒淫樂。《史記》記載，他在池塘裡裝滿了酒，還造了一片掛滿肉的樹林，通宵達旦的飲酒作樂。司馬遷對紂王這個玩樂場所的描寫，讓「酒池肉林」這個四字成語，成為奢侈縱欲的代名詞。酒池肉林是否真實存在尚有爭議，但商人愛喝酒的風氣，從考古發現大量酒器就可以印證。

另有一些缺點則比較像是他人強加給帝辛的，比如說他聽婦人言、不重用親戚、任用逃犯做官等。以現在的眼光來看，不見得算是缺點。但當時周朝實行宗法和禮樂制度，便把這些也做為罪狀添了一筆，教育當時的百姓遵守禮制。

孔子的弟子子貢對此也發表了意見，他認為，帝辛並沒有那麼壞，而是他的反對者把他的負面形象放大了。

孟子也說過「盡信書則不如無書」。我們在不同的時間，站在不同的角度看待同一件事情，所得、所見，都是不一樣的。史書也是如此，它受到執筆者的時代和立場局限，這也是為什麼很多史料記載相互矛盾，留下許多謎團。而現在我們讀歷史，應注意歷史的多元的面向，以帝辛為例，應該不是只有一種角度，便認定他是個十惡不赦的暴君。

## 原來是這樣啊

### 諡號

諡ㄕˋ號是古人死後，根據他生前的功過和品德，所給予的稱號。帝王的諡號，一般由禮官商議上奏；臣子的諡號，由朝廷賜予。惡諡則是含有負面貶意的諡號，比如厲、靈、煬，都含有批評的意思。

歷史事件05

# 三星堆遺址：神祕的古蜀王國

三星堆青銅鳥

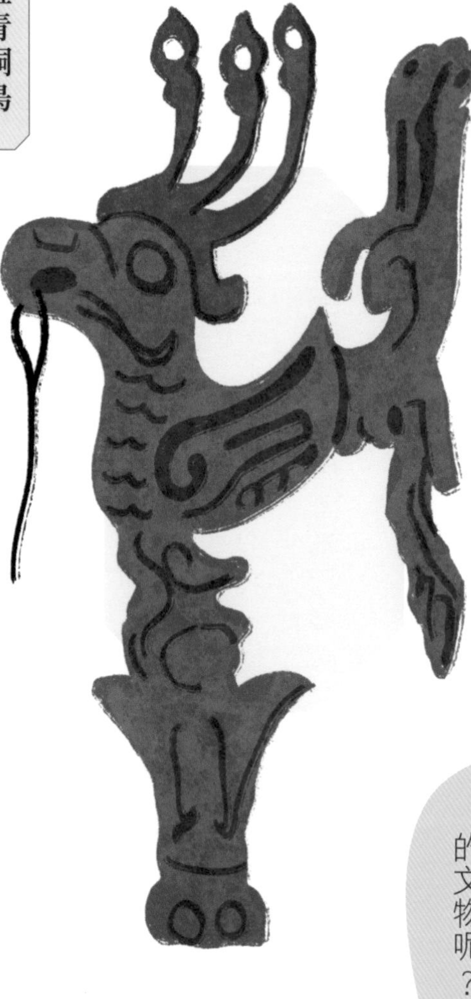

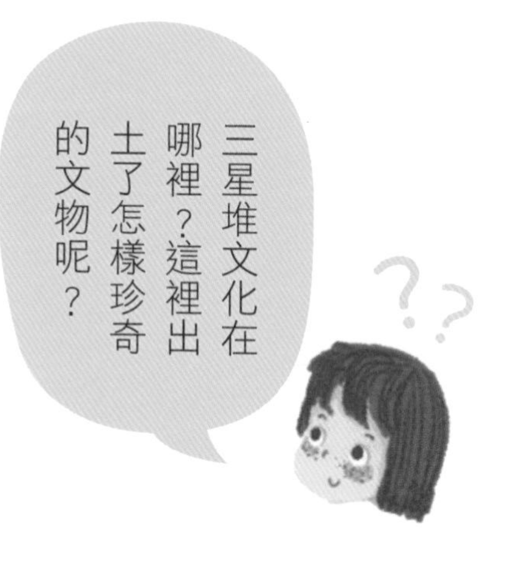
三星堆文化在哪裡？這裡出土了怎樣珍奇的文物呢？

在四川省廣漢市的西北方，分布著一個重要的文化遺址，距今有三千年至五千年歷史，面積達十二平方公里，保留有幾片完整城牆和許多珍貴文物，這個遺址就是三星堆文化遺址。這個地方曾經是古代蜀國的都城。

三星堆遺址，可以說是二十世紀人類最偉大的考古發現之一。在沒有發現三星堆之前，大家一向認為，與中原地區相比，古代巴蜀地區是一個落後封閉的地方，並與中原文化很少有交集。而三星堆的存在，證明古代巴蜀地區也有過發達的文明。

## 原來是這樣啊

### 權杖

權杖是一種木杖或金屬杖，是貴族或掌權者用來表示自身權力及地位的物品。雖然在古埃及和中國都發現了權杖，但是形制和材質都不同。在中國發現的權杖，材質有木質、金質、青銅質和玉石質。後來，權杖在東方逐漸被玉璽代替。而在歐洲，權杖則發展為裝飾華麗、鑲嵌寶石的金屬禮杖，至今仍被一些皇室和教會使用。

三星堆遺址所出土的大量陶器、石器、玉器、銅器、金器，造型奇特、製作精美，表現出濃厚而神祕的宗教文化色彩。這些文物展示了商朝中後期蜀國青銅文明發達、獨具一格的面貌。

三星堆出土的金器之中，有目前發現的中國最早的金杖。金杖是代表政治與宗教權力的禮杖，而三星堆的這個金杖，長約一四三公分，上面刻有人頭、魚鳥紋飾，象徵古蜀國首領的權力上天入地。

這裡出土的青銅器，器形高大，造型生動，結構複雜。除各種器皿、工具外，還有大小人頭像、立人像、動植物像等。其中，青銅縱目面具（見74頁），雙眼斜長，眼球極度誇張，富有地方特色。還有一個高二六〇公分的青銅立人像（見75頁），這個青銅立人像，頭戴蓮花狀的高冠，大眼直鼻，方頤（臉頰）大耳，穿左衽（衣服前襟向左側開，是古代非漢族的服裝）長袍，佩腳鐲，兩臂一上一下舉在胸前，雙手各自握成環狀，是難得的研究古代蜀人禮儀與服飾的資料。這樣高大的青銅鑄人像，在同時期的青銅文明中是獨一無二的。

此外，還有一件植物造型、很有特色的文物——青銅神樹（見74頁），我們也可以由此推斷，那時候蜀人有植物崇拜的宗教意識。古時候人們認為萬物皆有靈，樹木花草是擁有靈性與神力的，尤其是年代久遠的生物，比如在密林老樹中，往往有神靈寄住。這座青銅神樹高三九六公分，有三層樹枝，每層有三根枝椏。每根枝椏的頭部都有累累果實，還有一隻鳥站在枝上棲息。樹幹旁有一條蜿蜒盤桓的神龍繞樹而下。很多研究者認為，這個神樹與神龍的形象，和傳說的「扶桑」神樹有關係。

總之，三星堆遺址提供了研究中華文明演進的珍貴文物，而它還藏著許許多多的未解之謎，等著人們去探索。

**原來是這樣啊**

**動植物崇拜**

動植物崇拜是原始宗教信仰的一種。在原始時代，人們靠獵取野生動物和採集野生植物來生存，這些動植物對人們的生活很重要，因此人們會以動植物為敬拜的對象。

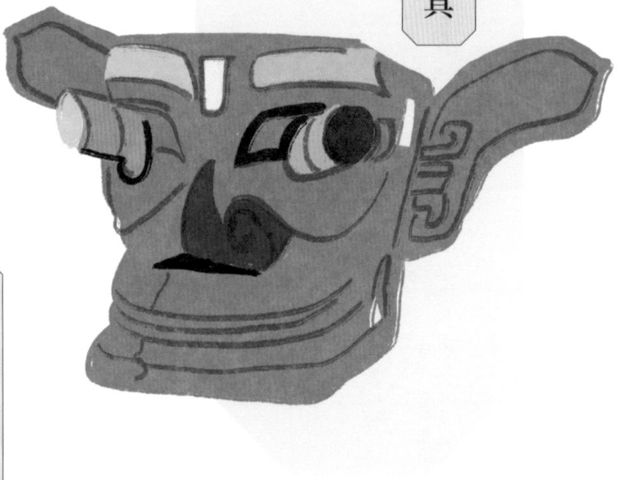

三星堆青銅縱目面具

三星堆青銅神樹

三星堆黃金面具青銅人像

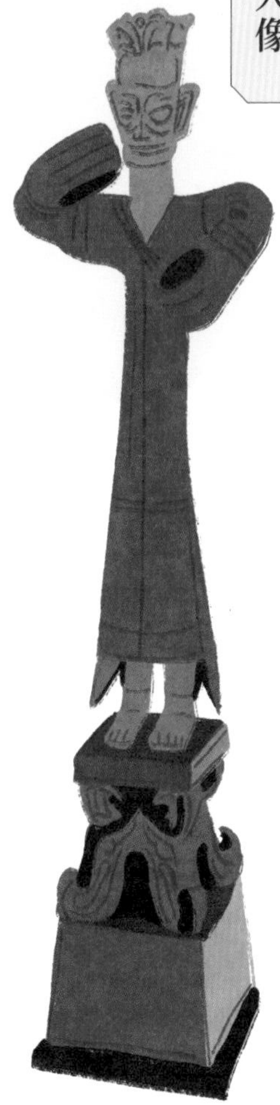

三星堆青銅立人像

▼夏朝時候，東夷部落的首領羿擅長射箭，因而有「后羿射日」的神話故事：傳說當時天上有十個太陽，晒得大地乾涸、人們無法生活，靠羿的神射技能射下九個太陽，拯救了人們。

# 西周

文：緒穎
繪：蔣講太空人（時代背景）
Ricky（衣食住行，歷史事件）

時代背景

# 周的開端

周本是一個古老的部落，在堯舜時期就已經存在。為了躲避蠻族侵犯，周人集體搬家到岐山（現在的陝西），逐漸發展起來，一直到周文王繼位。而這時，商王帝辛逐漸失去百姓的擁護。這為周推翻商朝統治提供了契機。

等到周武王時期，周終於發動對商朝的戰爭，一呼百應。牧野一戰，商軍紛紛倒戈，帝辛逃到鹿臺自焚而死。西元前一〇四六年，周王朝正式建立，並把都城定在了鎬(ㄏㄠˋ)京（現在的陝西西安）。跟商朝一樣，周朝也經歷過遷都。周平王將都城向東遷到雒(ㄌㄨㄛˋ)邑(ㄧˋ)（現在的河南洛陽）。

以遷都做為劃分的依據，整個周朝分為兩個階段。一般我們稱東遷之前的

周朝為西周，東遷之後的周朝為東周。從西周開始，整個華夏境內的各個民族與部落開始融合，最終形成了現代漢民族的前身。

接下來，我們主要來看看周朝東遷之前——西周的故事。

衣食住行

# 生活在西周

## 衣

西周時候，貴族的服飾也分為衣和裳。與商朝不同的是，西周的禮服還要在腰上束一條像圍裙一樣的寬邊衣帶，蓋在裳的外面，這衣帶被稱做「韍（ㄈㄨˊ）」。此外，男孩子長到二十歲，就要舉行冠（ㄍㄨㄢˋ）禮——把頭髮盤在頭頂，再戴上帽子套住髮髻。因此，男孩子二十歲也被稱為「弱冠（ㄍㄨㄢˋ）之年」。

## 食

西周時的飲食和商朝沒有太大區別，五穀是主要糧食。在南方，人們多吃稻米，而北方則習慣吃小米。當時的飯主要是用鼎或鬲（ㄌㄧˋ）蒸煮，配菜肴。周人十分重視禮，因此肉類也被分為不同等級。從祭祀用的肉來看，牛、羊、豬肉比較貴重，而魚肉相對便宜親民一些。

住

西周時期的住宅有多種，王室、貴族、平民住的地方各不相同。西周的宮室建築、貴族建築，都坐落在高大的臺基上，但宮室建築的規模更大。而普通百姓住的地方，主要有地穴式和半地穴式兩種。據考古學家發現，西周早期地穴式房屋直徑普遍在五公尺以上，比現代的一些公寓還要大呢。

## 行

如果生活在西周，平民的交通方式主要靠步行。不過這時候，馬車已不僅是貴族常用的交通工具，還是西周重要的作戰工具。此外，當時的水運也已經相當普遍，西周的人如果要過河，可以選擇坐船。

歷史事件01

# 西周王朝建立

《封神演義》的故事是根據哪段歷史故事改編的啊？

周文王

「周」原本是中國西北黃土高原上一個農業發達的部落。據說「周」這個姓是商王武乙賜予的。周族人擅長農耕，而「周」字的金文「上田下口」，看起來像是茂盛的農作物長在一大塊方形田界的農田裡。

## 周的祖先

周族始祖叫作后稷（ㄐㄧˋ），《史記．周本紀》開頭就有記載，傳說他的母親姜原在野外見到了巨人的足跡，踩上去後突然感覺體內有胎動，就像懷孕了一樣，一年後，她便生下了一個男孩。她認為這個孩子不吉利，一次又一次把他丟棄到窄巷、山林、冰雪之上，可是孩子如有神仙保護，每一次都安穩的活下來了。姜原發現這個孩子很特別，就把他撿回來撫養長大，並取名為

### 原來是這樣啊

**創生神話**

創生神話是指關於人類始祖誕生的神話。一般情節是女子因為接觸、感應、吞食到某物而受孕，誕下人類的始祖。神話故事中，有關炎帝、黃帝、伏羲、契、堯等人物的出生故事，都是創生神話。

**大事記**

世界

中國

西元前1075年，商王帝辛（紂王）即位

西元前1046年，牧野之戰，商朝滅亡

棄。棄成人後，堯讓他擔任農師，播種各種穀物。於是棄以「姬」為姓，號稱后稷，主管農業，教人民耕種。

周從后稷到文王，共有十五個王，他們都是周部落的領袖，在這些領袖領導下，周人開始建造城邑，復興農業。慢慢的，周從一個小部落，發展為一個具有強勁實力的部落。

## 讓周變得更好的周文王

周是商王朝的屬國。從周王季歷起，周就開始向外擴展，並且幫助商王朝擊敗西北方的戎狄部落。於是，商王文丁就封周王季歷為諸侯的領袖。

後來，商王文丁日漸感覺周的強大對他來說是一種威脅，於是就隨便找了個理由殺了周王季歷。季歷的長子周文王姬昌繼位後，商王帝乙希望可以跟周重修舊好，為此想了種種辦法。

帝乙死後，帝辛即位，也就是商紂王。當時姬昌、九侯、鄂侯，三人擔任位高權重的「三公」職位。姬昌因為不滿紂王處死九侯和他女兒，被紂王囚禁在羑里（位於現在河南）。姬昌的部下為了贖回他，向紂王進貢美女、上繳財寶，費了好一番功夫。姬昌返國後，積極團結貴族與國人，得到許多有才能的人幫助，包括太公望（姜子牙）、南宮適、散宜生、閎夭、太顛等。他還制定了管理奴隸的規範，將國家治理得井井有條。姬昌統治時，從不直接和商朝發生衝

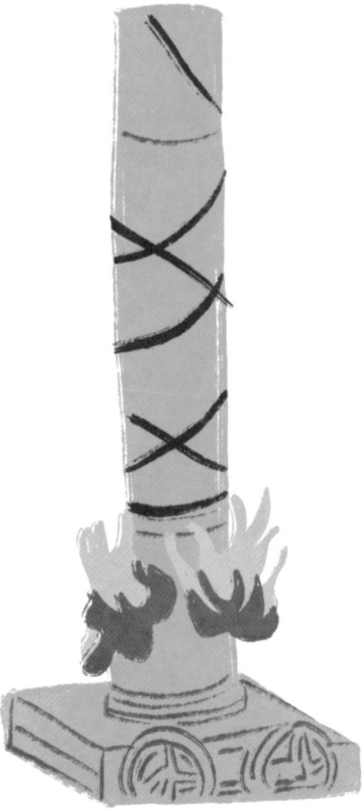

▲《史記》提到，紂王會把罪人綁在滾燙的銅柱上作為懲罰，這種酷刑又叫炮烙，後來被周文王建議廢除了。

突，而是通過團結友邦、消滅西戎部落，來孤立商朝的統治。

## 《封神演義》的藍本

姬昌病逝後，他的兒子姬發繼位。當時商王朝對外戰爭消耗了大量國力，加劇了國家財政負擔，導致統治混亂、人心惶惶。此時，周武王領導下的周日漸強盛，已經不安於做商王朝的一個小小屬國了。終於，周武王帶領各諸侯聯軍起兵討伐商紂王。

聯軍在殷都郊外的牧野，與紂王的大軍進行了

一場攸關王朝更迭的決戰——牧野之戰。史書記載，這場戰爭雖然商王朝軍隊人數遠比周的軍隊人數多，但這支軍隊大都由奴隸、戰俘組成，都無心戀戰，倒戈相向，使得聯軍一天內就獲得全勝。

最終，商紂王被迫自焚，商王朝至此結束，周王朝的統治時代來臨了。

後來明代的神怪小說《封神演義》，就是以「武王伐紂」這段歷史為背景，講述各路神仙鬥智鬥法、破陣封神的奇幻故事。至今，人們還對周與商王朝對抗的這段歷史津津樂道。

▶ 牧野之戰。

趣味典故

**姜太公釣魚，願者上鉤**

有一天，周文王出巡至渭水邊，發現用直魚鉤在釣魚的太公望（姜子牙的別稱），就問他為什麼。太公望回答：「我要釣的魚是自願上鉤的，而不是用彎的魚鉤來強迫魚。願意來就來，不願來就算了吧。」周文王領悟到這是在說四處求賢的自己，於是說：「殷王暴虐，民不聊生，我想請先生擔任我的老師，幫助我振興世道。」太公望答應了，周文王當場拜他為太師。

這個故事並沒有在正史中記載，有可能是虛構的，但它在民間流傳很廣，我們常用的歇後語「姜太公釣魚——願者上鉤」就源自這個故事。

▲周武王出兵討伐商紂王。

歷史事件02

# 天下是大家的，那就大家一起來治理吧！

▲周王朝實行分封制，讓貴族、功臣擁有封地，幫助天子治理天下。但是這個制度實行久了之後，天子的實權漸漸削弱，終於形成諸侯爭霸天下的局面。

大事記

世界

中國

西元前1042年，周成王姬誦即位，周公旦攝政。

## 什麼是分封、封建？

周王朝建立後，周武王的首要任務，就是鞏固自己的統治。商朝開始分封諸侯，稱號有公、侯、伯。到了周朝，這種形式被完善成為一項政治制度，叫做分封制，也叫封建制度。

現在我們說的「封建」，常常是指思想保守落後，這裡的「封建」含義不同，指的是「封邦建國」。編年體史書《左氏春秋》的解釋則是「封建親戚，以藩屏周」。簡單來說，就是把王族、功臣和先代貴族分封到各地做諸侯，建立諸侯國，並讓他們擔任中央的屏藩。在封建制度下，周王又稱為「天子」，具有高高在上的權威。天子之下，諸侯們又被分為不同爵位。

## 諸侯的權利和義務

周武王克商之後，很多領土都遠在西北。幅員遼闊的疆土，以及商代的後裔，都不易控制。於是武王實行了第一次的封建政策。他把周國的土地分割成小塊，賞給王室子弟、貴族和功臣，讓他們負責管理這片封地和土地上的居民。這些受封的諸侯，在他們的封國裡享有世襲統治權，當然，他們也要服從最高領袖周天子的命令，定期朝貢，提供軍事需要的人力、物力。

武王把首都定在了鎬京（現在的陝西西安），而商王朝原來的首都——殷，則被封給了商紂王的兒子武庚，由他去管理商的遺民。但是，武王擔心這些遺民會造反，所以他把自己的三個弟弟管叔、蔡叔和霍叔分封到殷附近，目的是監視武庚，稱為「三監」。

## 最早的太平盛世

周武王死後，他年幼的兒子周成王姬誦繼承王位，由武王弟弟周公旦攝政。周公旦

### 原來是這樣啊

**遺民**

指改朝換代後的前朝子民，或指淪陷區裡不接受新朝的百姓。

掌權，讓擔任「三監」的三個兄弟心生嫉妒、感到不滿，於是他們聯合武庚一起起兵，反抗周公旦。這個歷史事件就是「三監之亂」。

周公旦親自帶兵平定叛亂，用了三年時間，不僅平定了三監之亂，還繼續東征，擴大了周王朝的土地面積，並在雒邑建造了東都，又稱「成周」，把它作為統治東部地區的政治和軍事中心。為了防止商民再次叛變，他把參加武庚叛亂的人遷到東都，並派駐重兵加以監管。

東都建成後，周成王姬誦回鎬京親政，周公旦則留下來治理東都。至此，周朝得以鞏固，並迎來了一段政治清明、人民安居樂業的日子。《史記》上說：「成康之際，天下安寧，刑措四十餘年不用。」這段時間被稱為「成康之治」，是有歷史記載以來最早的太平盛世。

通過分封制，周朝開發偏遠地區，擴大統治區域，周文明覆蓋了整個黃河中下游地區，周朝成為一個延續數百年的

強國。但其實從「三監之亂」這件事情，我們就可以看出，分封制潛藏了不穩定的因素。到了西周後期，社會局勢動蕩，大國兼併小國的狀況時常發生，最終形成了春秋時期諸侯爭霸的局面。

## 原來是這樣啊

### 攝政

君主體制下，一個國家的繼任君主不能管理國家時，由他人代替君主處理國政，就叫做「攝政」。攝政最常見的情況，就是君主尚年幼而不能親自執政。攝政者多由在位君主的直系親屬擔任。

◀成康之際，天下安寧。

歷史事件03

# 周朝人有哪些日常工作呢？

前面提到分封制，因此我們知道西周社會有階級制度。周天子是權力金字塔的頂端，往下是諸侯；諸侯有封國，並對封國擁有統治權。諸侯以下是卿大夫。天子、諸侯、卿大夫的身分都是由嫡長子繼承的。卿大夫以下是士，士以下是平民階級，而平民又有「國人」、「野人」的區別。西周還有奴隸，奴隸的地位最低。人的出身是沒法選擇的，活在封建社會的人，難以改變自己的命運。

西周分封制是由一項經濟制度——井田制支撐的。周天子把周國的土地分割成像井字一樣的方形小塊，賞給王室子弟、貴族和功臣，讓他們負責管理這

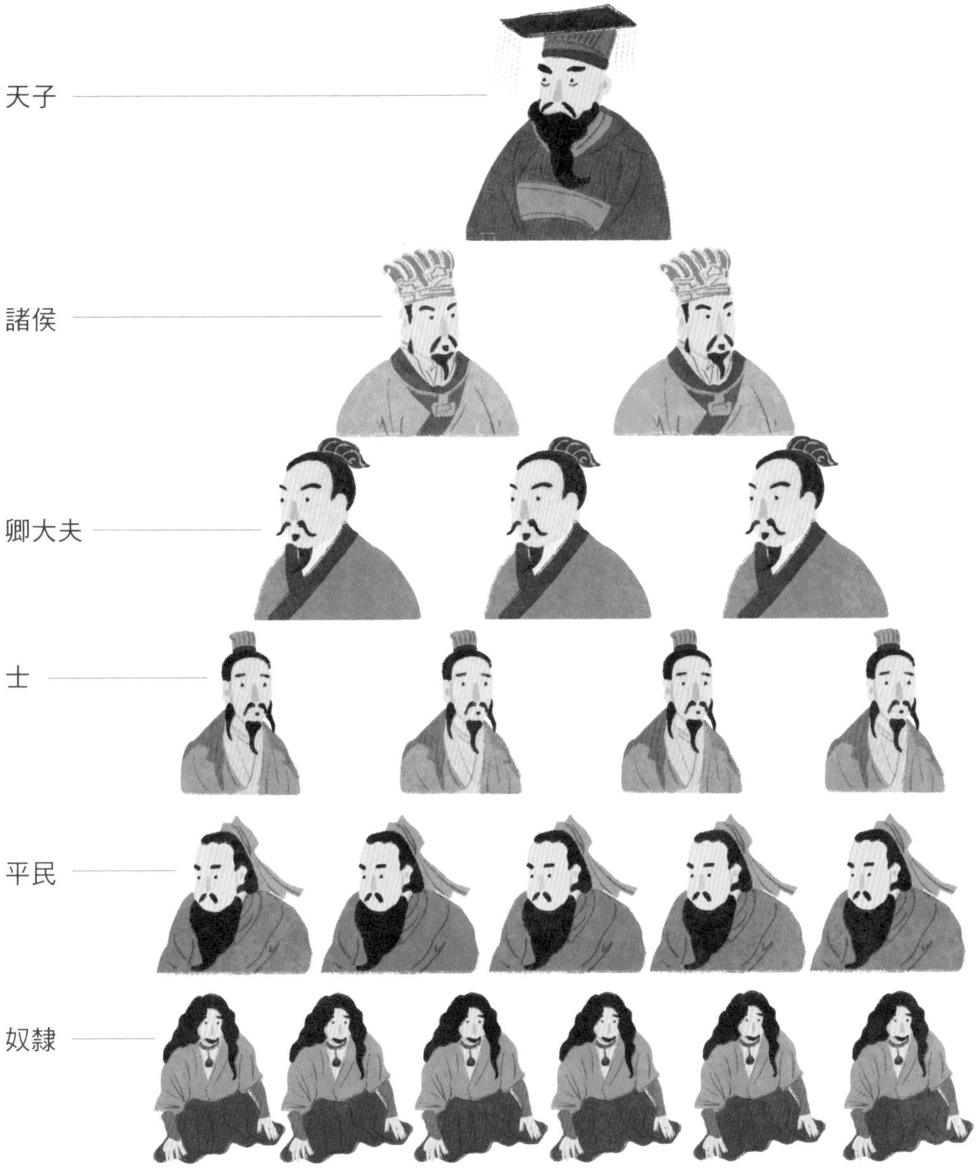


西周的階級制度

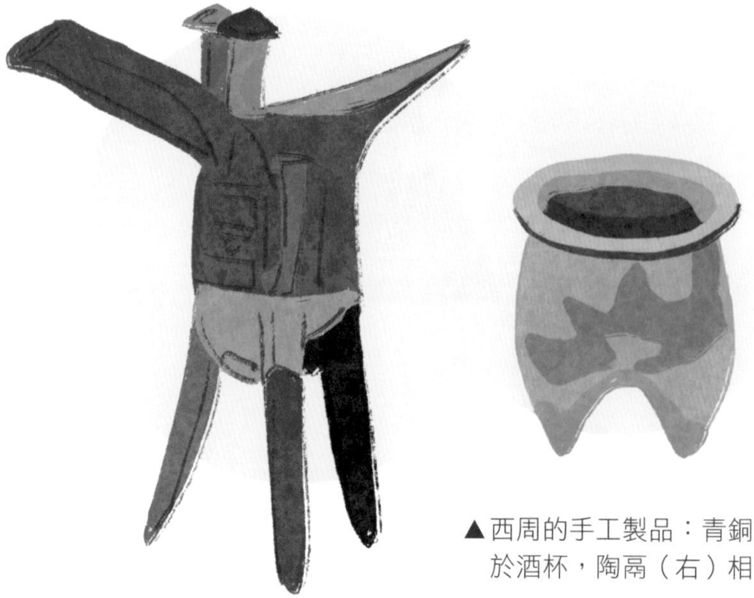

▲西周的手工製品：青銅爵（左）相當於酒杯，陶鬲（右）相當於鍋。

片區域，然而土地還是屬於周天子的，諸侯們可以世代享用，但不能轉讓和自由買賣。諸侯的這些土地，主要由平民負責耕作。據說，每個平民男性勞動力被分配耕種百畝田，每隔三年，這些耕作者可以互換耕作區域。

在西周時期，社會上已經出現了一些比較銳利的農器。當時盛行耦（ㄡˇ）耕，就是二人一組，一起耕作，省時省力。有了便利的農器和耕作方法，農業發展迅速。《詩經》曾描寫過「千耦其耘」，描述上千對農民一起耕地的場景，可見規模多麼盛大！

庶民長年在田間勞作，到秋收完畢，他們還要為所侍奉的貴族捕獵、剝製獸皮、釀酒以及做其他各種勞務。他們的妻女同樣是貴族的侍僕，要為公家採桑、養蠶、織帛、縫製衣裳等。平民一年到頭都在辛苦勞動中度過。

除了農業外，西周的手工業生產也很發達。貴族擁有各種手工業作坊，而那些具有專門技藝的工匠，被稱為「百工」。我們現在去博物館參觀，還可以看到西周時期的各種青銅器、陶器、玉器和車輛。

此外，西周較大的城市裡，也出現了具規模、有管理的市場。那時候還沒有紙幣，金屬的錢幣也很少，主要還是以物換物的方式，或是用海貝作為貨幣進行交易。市場裡出售各種玩意，比如兵器、牛馬、絲帛，還有奴隸。這些奴隸大多是戰俘和罪人。後來，隨著大規模戰爭減少，奴隸在整個人口的佔比下降。而據銘文記載，五名奴隸才值一匹馬和一束絲，可見他們的地位之低。

歷史事件04

# 在周朝，怎麼做一個有教養的人呢？

## 禮樂制度是什麼？

周人重視禮。他們認為禮是用來維繫人和天、人和人之間的關係的。周禮，也叫禮樂制度，相傳是周公旦創建的，這種制度，主要是通過禮節和音樂，來潛移默化、規範人們的生活。它和封建制度、宗法制度一起影響著周朝社會。我們在今日的生活禮俗中，仍然可以感受到周朝時期

▲樂師演奏甬鐘。

建立的那些政治秩序、祭禮儀式和文化藝術的深遠影響。

周禮的名目有很多，比如吉禮、嘉禮、凶禮、賓禮等等。吉禮是對祖先和神祇的祭祀；嘉禮則是那些喜事，比如婚嫁、孩子成年、宴請賓客等；凶禮指的是喪葬，也包括對天災人禍的哀悼；賓禮指諸侯對周天子的朝見、諸侯間的聘問和會盟等活動。所有禮制都和法律一樣，有嚴明的階級區分，而且這些禮樂制度不得修改，周天子有權力去懲罰那些違禮的貴族。

## 衣食住行也要遵守規定

周人，尤其是有地位的貴族，他們的衣食住行都受禮的約束。穿衣方面，他們要按照禮制來穿衣服。例如，參加重

▲西周實行禮樂制度，音樂是其中非常重要的部分，體現階級尊卑。上圖是兩個人演奏編鐘（青銅鑄成的鐘，依大小排列在鐘架上，做為打擊樂器）。

要典禮的時候，就要穿相應的服裝，佩戴相應的配飾，這些象徵著自己的身分。各社會階層的身分，透過他們服飾的質地、樣式、尺寸、顏色、花紋就能看出來。

▲先秦時期，玉做的禮器有六種，分別是：璧、琮、圭、璋、琥、璜。上圖是西周的龍紋白玉璧，做為禮器，它可以用來區分階級、貴賤。

▲青銅器和玉器都是貴重的禮器，上圖這個青銅天亡簋，是「周朝開國大典」的紀念品。

飲食方面，周朝設立了負責管理飲食事務的官員。各個等級在宴席中的規格和配菜都是有講究的。周人還對客食之禮、待客之禮、侍食之禮、宴飲之禮、進食之禮等都有詳細的規定。為了擺脫商朝末期的酗酒風氣，周朝初期設有限酒令。

西周在建築上的特殊貢獻是發明了瓦片。《禮記》關於建築的說法，有「左祖右社，面朝後市」、「三朝五門」等。「左祖右社，面朝後市」說的是國都的布局。「左祖右社」，表示王宮左邊是祭祀祖先的宗廟，右邊是祭祀土地公、五穀之神的社稷。可以看出，禮制中強調崇敬祖先和祭祀神明。「面朝後市」，表示王宮的前方是朝堂，後方則是市場。這個概念被用到後來的房屋布局，即「前朝後寢」（前面是公共區域，後面是寢室）。

西周時期，從都城到各地的道路，已經修建起來了。最重要的一條是從鎬京到成周的大道，叫做「周行」或「周道」。當然，車馬這些交通工具是貴族的專利，庶民主要的出行方式還是徒步。

西周的音樂發展，以宮廷為中心。在當時社會，音樂不僅僅存在於貴族日常生活中，更是國家大型活動必不可少的。《周禮》就對當時音樂的體系和建制有非常詳細的說明。國家專門的音樂機構叫做「大司樂」，工作人員，包含樂師在內，據說有上千人。演奏音樂的人主要來自平民階層，因為周朝統治者更注重的是音樂的德育功能，而不是演奏技巧或者美學價值。至於採集自民間的《詩經》，原本也是和歌而唱的，但這些曲調已經失傳了。

**原來是這樣啊**

**僭越**

僭ㄐㄧㄢˋ越是指言行超越自己的本分，儒家認為這樣的行為不合禮教。

歷史事件05

# 從《詩經》了解周朝民風

如果想研究周朝的民風，有一部非常重要的著作一定要讀，那就是《詩經》。《詩經》是儒家經典之一，也是中國最早的詩歌總集。在被奉為儒家經典之前，它被稱作《詩》或者《詩三百》，因為它收集了西周初年至春秋中期的三百零五首詩。

《詩經》的成書方式是採詩。什麼是採詩呢？就是收集民歌。周朝時已經有專門採集詩歌的官員了。他們巡遊各地，搖著鈴引起人們的注意，在田間、市集、作坊與百姓交談，記錄下當地流行的詩歌。

那為何要採詩呢？《禮記》裡寫道：「命大師陳詩，以觀民風。」採詩是

▲西周官員在街頭跟平民聊天，了解民間生活情況。

為了考察當地風俗，了解政事得失。收集來的詩歌，經過採詩官整理後，交給負責音樂的官員譜曲，並演唱給周天子聽，做為君主施政的參考。

《詩經》分「風」、「雅」、「頌」三部分。「風」是民風歌謠，主要是通過採詩收集而來。「雅」則多是祭祀或宴會上的詩歌，內容有祈禱豐年、歌頌祖德和史詩等，同時還有一些貴族反映人民想法、諷刺政治的詩歌。「頌」是宗廟祭祀的詩歌，是最官方、最正統的禮樂。

「賦」、「比」、「興」是《詩經》的表現手法，簡單來說，就是「直接表達」、「打比方」和「興起聯想」這三種文學表現手法。讓我們一起讀《詩經》裡的詩句，來體會一下吧。

## 賦

蒹葭蒼蒼，白露為霜。
所謂伊人，在水一方。

◀蒹葭蒼蒼，白露為霜。

這幾句詩出自《詩經．國風．秦風．蒹葭》，說的是：深秋水邊長著茂盛的蘆葦，白露在夜間結成了霜；我思念的那個人，在河水的另一方。

這裡用的手法是「賦」，就是直接表達自己的情感。它不是專門描寫景色，而是觸景生情，人們在吟唱時便可以感受到其中悠長的相思之情。

## 比

蛇蛇碩言，出自口矣。巧言如簧，顏之厚矣。

《詩經．小雅．巧言》是一首政治諷刺詩，犀利的批評那些進讒言的人，諷刺他們誇誇其談，說好聽的話諂媚奉承，行為厚顏無恥。

把花言巧語比做簧片，比喻話說得像奏樂一樣好聽，因而迷惑當權者周天子。「巧舌如簧」，含有貶義，演變成現在常用的四字成語。

興

桃之夭夭，灼灼其華。
之子于歸，宜其室家。

這是《詩經・國風・周南・桃夭》的詩句，描述在春光明媚的時候，桃花盛開了，姑娘出嫁了，她喜氣洋洋的到了夫家。

這裡用到了「興起聯想」的手法，描寫出嫁新娘的美貌就像盛開的桃花一般美麗。歷史學家也可以從這句話推測出一些周朝人的傳統，如《周禮》說：「仲春之月，令會男女。」由此可知當時女子在春天出嫁的習俗，和詩裡所描述的場景相印證。閱讀《詩經》有助我們更了解周人的風俗與生活。

因為《詩經》反映了當時貴族和平民生活的百態，所以有人稱它為古代社會的百科全書。它的史學價值和文學價值一樣重要，這也是為什麼《詩經》的一些詩歌能夠流傳至今。

歷史事件06

# 周王朝由盛轉衰

▼百姓對周厲王的暴政忍無可忍，圍攻王宮，推翻周朝的統治。

成康之治之後，周王朝開始由盛轉衰。周昭王即位後，致力於向南方發展，多次征伐楚地。周昭王在成周集結大軍，同時命令各諸侯國率領本國軍隊一起討伐楚國，這就是「昭王南征」。

第一次南征還算順利，於是周昭王又發動了聲勢更為浩大的第二次南征。可是，軍隊才剛到漢水邊準備渡江時，突然陰風陣陣，受驚的將士們哪裡還有心情打仗呀！到了第三次南征，據說因為漢水流域的船夫對周人的騷擾懷恨在心，暗中破壞船隻，船走到江心時，船體散裂，周昭王和隨行大臣都掉入水中。不會游泳的周昭王就這樣在南征途中溺水身亡。周人覺得周昭王死得很不體面，都不願意多提此事。

隨後即位的是周昭王的兒子周穆王。

**大事記**

**世界**
- 約西元前814年，腓尼基人在北非建立迦太基城

**中國**
- 西元前877年，周厲王姬胡即位
- 西元前841年，鎬京爆發「國人暴動」，周厲王姬胡逃離鎬京
- 西元前827年，周宣王姬靜即位

周穆王一即位就開始東征西討，常年的征戰浪費了國家很多金錢，周王朝的國力也大不如前。而這時候，西北地區的戎狄部落卻越來越強。昭王、穆王之後，周天子的權威已經不像從前那樣無可撼動了。據說到了周夷王時，諸侯來朝，夷王都不敢坐受朝拜，而是走下朝堂迎見。

到周厲王時期，連年戰亂使得民間生活非常苦。這時，周厲王任用榮夷公做他的謀士，對山林河湖這些自然資源進行壟斷，不准百姓進入謀生。而且，為壓制百姓的不滿，周厲王還派專人監視人民，一旦有人說王室壞話，就格殺勿論。在這樣的高壓統治下，百姓忍無可忍，最終起來造反。

這個歷史事件叫做「國人暴動」。西元前八四一年，受不了暴政的鎬京人民集結起來，手持棍棒、農具做為武器，圍攻王宮。周厲王這時已經帶領親信逃離了鎬京，再也沒有回到他的王位上。國人暴動後，周厲王雖然不在都城，但也沒有去世，所以他的兒子（後來的周宣王）不能馬上繼位。

歷史事件07

# 西周終結！

在「烽火戲諸侯」的故事裡，為什麼沒有人搭理求救的周幽王呢？

## 西周大勢已去

周宣王死後由周幽王繼位，當時西周社會存在各種各樣的問題，內憂外患，地震、旱災等自然災害也頻頻發生。周幽王又任用

▲犬戎進攻周的國都。

貪財好利、善於逢迎的虢(ㄍㄨㄛˊ)石父擔任大臣，變本加厲的剝削百姓。朝廷的腐敗，最終激起了人民的怨恨。

而西周最終覆滅的原委，還要追溯到周幽王攻打褒國時，褒國戰敗，於是獻出美女褒(ㄅㄠ)姒(ㄙˋ)乞求投降。據說這個褒姒很漂亮，周幽王十分喜愛她。後來，褒姒為周幽王生下兒子姬伯服，周幽王對她就更是寵愛有加，並決定廢黜王后申后和太子姬宜臼，改立褒姒為王后、姬伯服為太子。

於是，原本的太子姬宜臼便投奔他母親的家鄉申國。而此時，周幽王決定出兵討伐申國。因此，申侯聯合周圍的繒(ㄗㄥ)國、犬戎等勢力反攻周幽王。

在戰亂期間，周貴族紛紛把象徵權力的鼎、簋、盤等銅器埋了起來，並向東方逃難。西元前七七一年，犬戎攻陷了鎬京，把周幽王和姬伯服都殺了，並把周王室多年積累的財物掠奪一

**大事記**

**世界**
- 西元前776年，世界上第一次奧林匹克運動會在古希臘舉行

**中國**
- 西元前782年，周宣王姬靜死，周幽王姬宮涅次年即位
- 西元前771年，犬戎攻進鎬京，西周結束

空，縱火而去，史稱「犬戎之禍」，西周就這樣滅亡了。

## 滅亡的傳說

關於西周滅亡，有一個流傳已久的故事——烽火戲諸侯。故事說的是周幽王為了博取褒姒一笑，用盡各種方法。最後，他聽從了虢石父的建議，點燃了烽火臺，戲弄諸侯。烽火臺本來是敵軍侵犯時用來緊急警報的，可當諸侯急匆匆帶領軍隊來救駕時，

卻發現什麼事情都沒發生，而周幽王和褒姒在臺上看他們的笑話。褒姒這一笑得來不易，周幽王很高興，往後又多次點燃烽火，博得美人一笑。就像「狼來了」的故事那樣，諸侯漸漸都不相信這個警報了。犬戎之禍那天，等他們意識到真的有危險趕來援助時，鎬京已經淪陷了。

「烽火戲諸侯」這個故事見於《史記》，但近年來多方考證，認為它是個子虛烏有的故事。我們不能說周朝滅亡是因「褒姒一笑失天下」，但天子失信於諸侯，對分封制支撐起來的西周王朝，是致命的打擊，更何況當時已是內憂外患層出不窮。考慮到西周的社會情況，無論有沒有「烽火戲諸侯」事件，西周王朝的政權都很難維持下去。

# 歷史就是這樣演進的！

這部歷史從夏朝開始說起，這是因為在此之前有關三皇五帝等傳說，由於缺少歷史證據，往往被視為神話。

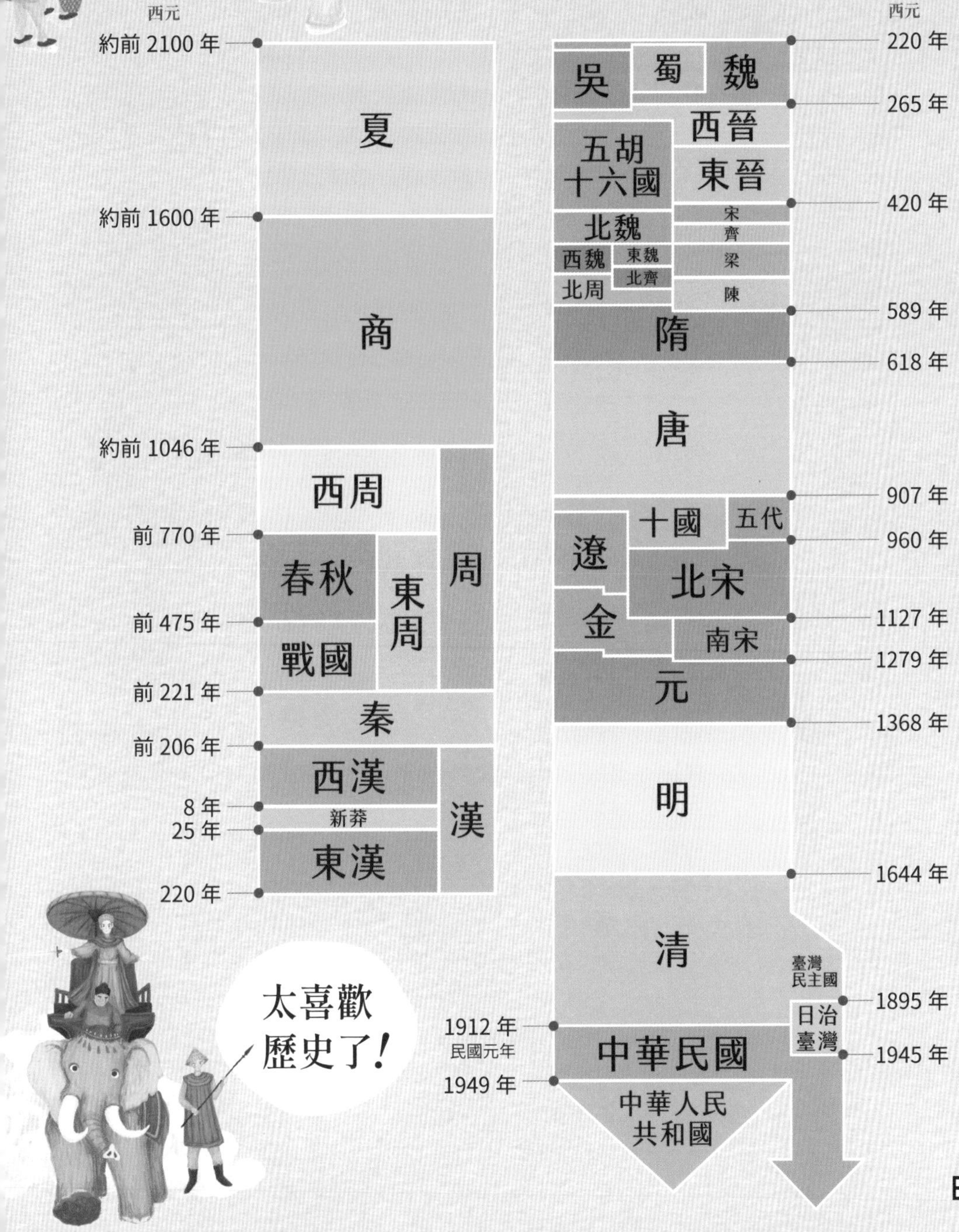

西元
約前 2100 年
夏
約前 1600 年
商
約前 1046 年
西周
周
前 770 年
春秋
東周
前 475 年
戰國
前 221 年
秦
前 206 年
西漢
漢
8 年
新莽
25 年
東漢
220 年
西元
220 年
吳
蜀
魏
265 年
西晉
五胡十六國
東晉
420 年
北魏
宋
齊
西魏
東魏
梁
北齊
北周
陳
589 年
隋
618 年
唐
907 年
十國
五代
960 年
遼
北宋
金
1127 年
南宋
1279 年
元
1368 年
明
1644 年
清
臺灣民主國
1895 年
1912 年
民國元年
日治臺灣
中華民國
1945 年
1949 年
中華人民共和國
太喜歡歷史了！

# 歷史就是這樣變化的！

歷史上，每個時代的疆域面積、統治族群，以及國都所在位置，都不斷的變化。而「統一」往往就是「分裂」的開始，分分合合是歷史常態。領土、統治族群、生活方式，也必然隨著時代演進，持續變動。歷史就是一部人類生存的變動史。

| 朝代 | | 都城 | 現今地 | 統治族群 | 開國 |
|---|---|---|---|---|---|
| | 夏 | 安邑 | 山西夏縣 | 華夏族 | 禹 |
| | 商 | 亳 | 河南商丘 | 華夏族 | 湯 |
| 周 | 西周 | 鎬京 | 陝西西安 | 華夏族 | 周武王姬發 |
| 周 | 東周 | 雒邑 | 河南洛陽 | 華夏族 | 周平王姬宜臼 |
| | 秦 | 咸陽 | 陝西咸陽 | 華夏族 | 始皇帝嬴政 |
| 漢 | 西漢 | 長安 | 陝西西安 | 漢族 | 漢高祖劉邦 |
| 漢 | 新朝 | 常安 | 陝西西安 | 漢族 | 王莽 |
| 漢 | 東漢 | 洛陽 | 河南洛陽 | 漢族 | 漢光武帝劉秀 |
| 三國 | 曹魏 | 洛陽 | 河南洛陽 | 漢族 | 魏文帝曹丕 |
| 三國 | 蜀漢 | 成都 | 四川成都 | 漢族 | 漢昭烈帝劉備 |
| 三國 | 孫吳 | 建業 | 江蘇南京 | 漢族 | 吳大帝孫權 |
| 晉 | 西晉 | 洛陽 | 河南洛陽 | 漢族 | 晉武帝司馬炎 |
| 晉 | 東晉 | 建康 | 江蘇南京 | 漢族 | 晉元帝司馬睿 |
| 南北朝 | 南朝<br>宋、齊、梁、陳 | 建康 | 江蘇南京 | 漢族 | 宋武帝劉裕等 |
| 南北朝 | 北朝<br>北魏、東魏、西魏<br>北齊、北周 | 平成<br>鄴<br>長安 | 山西大同<br>河北邯鄲<br>陝西西安 | 鮮卑<br>漢族<br>匈奴等 | 拓跋珪、元善見<br>宇文泰等 |
| | 隋 | 大興 | 陝西西安 | 漢族 | 隋文帝楊堅 |
| | 唐 | 長安 | 陝西西安 | 漢族 | 唐高祖李淵 |
| | 五代十國 | 汴、洛陽<br>江寧等 | 開封、洛陽<br>南京等 | 漢族 | 梁太祖朱溫等 |
| 宋 | 北宋 | 汴京 | 河南開封 | 漢族 | 宋太祖趙匡胤 |
| 宋 | 南宋 | 臨安 | 浙江杭州 | 漢族 | 宋高宗趙構 |
| | 遼 | 上京 | 內蒙古 | 契丹族 | 遼太祖耶律阿保機 |
| | 金 | 會寧 | 黑龍江哈爾濱 | 女真族 | 金太祖完顏阿骨打 |
| | 元 | 大都 | 河北北京 | 蒙古族 | 元世祖忽必烈 |
| | 明 | 應天府 | 江蘇南京 | 漢族 | 明太祖朱元璋 |
| | 清 | 北京 | 河北北京 | 滿族 | 清太宗皇太極 |

註：限於篇幅，本表不含各朝代後續遷都詳情。

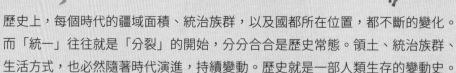

國家圖書館出版品預行編目（CIP）資料

太喜歡歷史了！給中小學生的輕歷史．1, 原始時代到西周／
知中編委會 -- 初版．-- 新北市：遠足文化事業股份有限公司
字畝文化出版：遠足文化事業股份有限公司發行, 2021.07
面；公分
ISBN 978-986-5505-70-7（平裝）
1. 中國史 2. 通俗史話
610.9　　110006644

## 太喜歡歷史了！給中小學生的輕歷史① 原始時代到西周

作　　者：知中編委會

**字畝文化創意有限公司**
社　　長：馮季眉
責任編輯：徐子茹
美術與封面設計：Bianco
美編排版：張簡至真

出版：字畝文化／遠足文化事業股份有限公司
發行：遠足文化事業股份有限公司（讀書共和國出版集團）
地址：231新北市新店區民權路108-2號9樓
電話：(02)2218-1417　傳真：(02)8667-1065
客服信箱：service@bookrep.com.tw
網路書店：www.bookrep.com.tw
團體訂購請洽業務部 (02) 2218-1417 分機1124
法律顧問：華洋法律事務所 蘇文生律師
印　　製：凱林彩印股份有限公司

2021年7月　初版一刷　2024年7月　初版七刷
定價：350元　書號：XBLH0021
ISBN 978-986-5505-70-7